はじめに

　情報化社会の進展やプライバシーの認識、1980年に採択された「OECD プライバシーガイドライン」、世界的な個人情報保護法の流れ等を背景として、2003年「個人情報の保護に関する法律」が成立（2005年全面施行）しました。

　しかし、その後、情報通信技術は目覚ましく成長し、私たちをとりまく環境も大きく変化しています。現在、携帯電話等の情報機器を誰もが所有し、他人の情報を大量に取得できる時代となりました。このような変化に対応するため、2017年には個人情報の定義を明確にした「改正個人情報保護法」が施行されました。この法律では、個人情報の保護が強化されていますが、本人が特定されないよう加工（匿名加工）すれば、多くの情報が収集・利活用されるようになりました。

　学校は子ども、保護者、教職員に関する大量の情報があります。特に、保健室には要配慮個人情報の「病歴」「健康診断等の結果」などがあります。いうまでもなく、健康情報は、あくまでも子ども自身のものです。

　今回の学習シリーズ㉓では、個人情報に関する法律は、どのような経過を経て現在どうなっているのか、中学3年生の健康診断票を収集し将来的な病気の予防等に活用するという「健康診断票のビッグデータ利活用」は、どのように行われるのか、個人情報の取り扱いについて、どのように考えたらいいのか、をまとめました。

　子どもの個人情報を守るために、私たちはどうすればいいのか、この学習シリーズが、そのための参考資料となれば幸いです。

目 次

個人情報ってなに？ ………………………………………………… 3

健康診断結果（健康診断票）の「ビッグデータ化」！ …………… 4

『情報』に関する社会の動きは？ ………………………………… 8

「改正個人情報保護法」と「次世代医療基盤法」 ………………… 13

守ろう！ 子どもの個人情報 ……………………………………… 18

個人情報ってなに？

　2005年に施行された「個人情報保護法」では、個人情報とは、「特定の個人を識別することができるもの」と書かれており、具体的な項目はありませんでした。

　その後、第156回国会の附帯決議で「思想、信条、宗教、病気及び健康状態、犯罪の容疑、判決及び刑の執行並びに社会的差別の原因となる社会的身分に関する個人情報」は特に取り扱いに注意するように決議されました。

　2017年の「改正個人情報保護法」では、「人種、病歴、信条、社会的身分、犯罪歴」などが要配慮個人情報として、本人の同意なしに取得したり、第三者に提供したりできなくなりました。

　個人情報は、あくまでもその人、個人のものです。学校には多くの子どもの個人情報があり、保護者の同意により情報を得て管理しています。

○学校で扱う個人情報は

> ☆指導要録、調査書、個人調査票、通知表、卒業生台帳、名簿、メールアドレス、電話番号、試験結果、写真など

○保健室で扱う個人情報は

> ☆健康診断票、保健調査、緊急連絡先、心臓病検診調査票、結核健診問診票、運動器検診調査票、日本スポーツ振興センター書類、子どもの来室状況、けが・病気の記録、保健室での相談活動などの記録など

　健康診断票は、子どもの成長、生年月日、指摘された疾病状況や歯の様子などがわかる大変デリケートな個人情報であり、公簿として大切に管理されています。

健康診断結果（健康診断票）の「ビッグデータ化」！

【ある市での実態】

<事例１>　　　　　　　　<事例２>

市教委から「健康診断結果の情報提供」の依頼が校長会や養護教員が集まる会議を通して、学校に下りてきた。

【内容】

・「京都大学及び一般社団法人健康・医療・教育情報評価推進機構」と情報提供を結ぶ。契約は**5年間**である。

・「京都大学及び一般社団法人健康・医療・教育情報評価推進機構」と情報提供を結ぶ。契約は**3年間**である。

推進機構の説明では
- 乳幼児期や学童期の生活習慣や食習慣が将来の病気の大きな要因になっていることから、中学校3年生（市町によっては出生から、あるいは就学前から）の健康診断結果（小中9年間）を情報提供してほしい。収集したデータの結果については、生徒個人へ返す。
- 情報提供（健康診断票をスキャンする）の時点で、名前等の個人が特定できる情報は、匿名、暗号化されることになっており外部に漏れない。

【同意書についての記載】「趣旨に賛同できない・情報提供を拒否する場合は、『一般社団法人　健康・医療・教育情報評価推進機構』（電話番号記載）に連絡を」と記載。

健康診断結果（健康診断票）の「ビッグデータ化」！

＜事例1＞

「機構」からきた文書をそのまま学校から保護者へ配付した。

↓

学校でデータの収集が行われる。

【内容】
①担当者が複数来校する。学校（学校長あるいは養護教員など）の立ち合いのもと、健康診断票をスキャンする（拒否しなかった生徒分）。
②健康診断票はスキャンした後、個人が特定できる名前、生年月日、出席番号のデータは、パソコン上で塗りつぶすことができる機能を使って、見えないように塗りつぶす。➡これで「**匿名加工情報**」となる。
③②を担当者が持って行く。
学校は、名前、生年月日、出席番号の入った暗号化フォルダ（CDⒶ）を受けとる。

↓

健診データ（CDⒷ）が、後日学校に送付されてくる。データを印刷して生徒に返す。

＜事例2＞

保護者へ文書配付前に・・・

連絡協議会（市教委との交渉機関）の代表と市教委が話し合いをもった。

＊内容
意思表示がしやすいような「同意書」をとってもらうようにお願いをした。

↓

17年12月時点では、市としての意向であったり、地域での実情を考えたりして、無理だと判断され<u>中断</u>している。

＊執行部、専門部が一丸となり動いた！！
連絡協議会との連携も密にした！！

<事例1　CD印刷の方法>

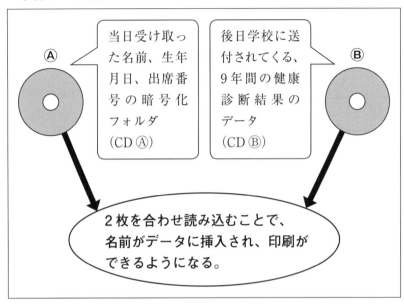

健康診断結果（健康診断票）の「ビッグデータ化」！

【問題点・課題】

「学校に負担はかけない」と言われていたが、時間と手間もかかる！
子どもの個人情報は守られているのだろうか？

＜学校では・・・＞
・収集前の健康診断票の準備が大変（名簿順に揃える等）である。
・収集時、立ち合いが必要となる。
・「保護者へのお知らせ」「CDに入っている健康診断シート」は学校で印刷、子どもを通して保護者へ配付となる。

＜保護者は・・・＞
・学校から配付した「お知らせ」は良いもの、必要なものと受けとる！
・同意できない場合、直接「一般社団法人　健康・医療・教育情報評価推進機構」に電話をしなければならない。月～金曜日の10時～17時と時間制限もある上、全く知らないところへ電話はしにくい！

＜CDについて＞
・CDの中味は、毎年子どもたちに返している「健康手帳」等の内容と一緒！
・CDがスムーズに開かず、時間を費やした学校もある！

個人情報は？

「名前はわからない」と言われるが就学前までのデータと小中9年間のデータは、どうやってつなぎあわせるの？

『情報』に関する社会の動きは？

「国の情報」「個人の情報」など、「情報」に関する社会の動きは、目まぐるしくなっています。健康増進法が制定されてからの「健康」に関する基本法等もあわせて振り返ってみましょう。

年	内　　容
2002年	【健康増進法】施行 医療費削減が国にとって大きな課題となることから、国民の健康増進が重要となり、健康であることが国民の責務とした法が成立しました。「健康日本21」で具体的な数値目標を掲げた国民健康づくり運動が始まりました。 【住民基本台帳ネットワークシステム】スタート 国民一人ひとりに11桁の番号をつける。 住民基本台帳がオンライン化され、データ管理されることになりました。しかし、国民総背番号制という議論が巻き起こり、一部の自治体は不参加を表明しました。また、利用範囲が限定されていたため、住民基本台帳カードはあまり普及しませんでした。

2005 年	**【個人情報保護法】施行** 　情報化社会の進展により、個人の権利利益を保護する必要性が高まったため、住民基本台帳法改正により、法制化の要請があったなどの背景を受けて施行。

> 個人情報の取り扱いのルールが示されましたが、個人情報の規定があいまいで、人数が少ない取扱事業者は、法が適用されませんでした。

	【食育基本法】施行
2006 年	**【がん対策基本法】施行**
2011 年	**【文部科学省が「科学技術イノベーション政策のための科学」(SciREX) の推進事業を始める】** ・公募型研究開発プログラムの推進 ・データ・情報基盤の構築　　　　　　一体的推進をする。 ・基盤的研究・人材育成拠点の整備
2013 年	**【特定秘密保護法】施行** 　日本の安全保障に関する情報のうち、特に秘匿することが必要であるものの保護に関し、必要な事項を定める。

> 情報を漏らしたものには罰則規定があり、国の秘密はしっかり保護されています。

2013年	【マイナンバー法】成立

12桁のマイナンバーが与えられる。このナンバーの先頭11桁は住民基本台帳にある住民票コードで、末尾の1桁は先頭11桁から計算された数字。

> 身分証明書としての機能以外に、税や社会保障などにも利用されます。国による個人情報の管理が容易になり、ナンバーが洩れると、重要な個人情報が流出する恐れがあります。

2014年	【総務省「地域ICT振興型研究開発」事業】

京都大学の研究課題「学校健診のデータベースの構築」

【予防接種基本計画】

2016年	【マイナンバー本格運用開始】

【未来に向けた官民対話】　安倍首相の発言

「新薬や治療の研究に活かすため、治療や検査の大量のデータを収集し、安全に管理・匿名化する機関を作る法制度を整備します。『個別化健康サービス』の提供の実現のため、医療機関や企業・保険者が有するレセプト・健診・健康データを、集約・分析する実証事業を開始します。」

> 安倍政権が推し進めるアベノミクスは、経済成長戦略の柱の一つに健康医療を掲げています。特区を設け、規制が相次いで緩和され、産業界が介入、活動しやすくなりました。

2016年	【文部科学省「科学技術イノベーション政策における『政策のための科学』推進事業（SciREX）」】 　京都大学の研究課題「自治体の持つ学校健診情報の可視化とその利用に向けての基盤構築」 【京都大学発ベンチャー企業が学校健診をビッグデータとして活用する新事業を開始】 ○一般財団法人　健康・医療・教育情報評価推進機構 ○国立大学法人　京都大学大学院医学研究科 ○株式会社　学校健診情報センター 総務省、文部科学省、京都府から事業支援を受け、学校健診データの集積をはじめました。
2017年	【改正個人情報保護法】施行 　情報通信技術がさらに発展したことによる問題が顕在化してきたことから個人情報とは何かを改めて規定し、パーソナルデータの利活用を促進することによる、新産業・新サービスの創出ができるようにした。匿名加工情報を新設することで国民の安全・安心を図ると同時に多くのデータを収集・利活用できるよう「改正」される。
2018年	【次世代医療基盤法（医療分野の研究開発に資するための匿名加工医療情報に関する法律）】 　国民の医療情報を匿名加工化し、ビッグデータ化して分析することによって、新たな医療行政や創薬、医療機器開発などの研究に生かすことを目的とした法律。

多くの人には、「健康ですごしたい」という願いがあります。健康増進法制定以来、「健康は国民の責務」として、「健康になる」ための施策、たくさんの数値目標、様々な対策基本法が制定されました。「健康が国民の一大関心事」であることが、経済政策に使われ、官民挙げて「国民の健康づくり」がすすめられています。その政策のために「個人情報を守る」ための法整備と「情報を収集しやすくする」ための法整備が着々とすすめられ、たくさんのデータを収集する動きが出てきています。

「改正個人情報保護法」と「次世代医療基盤法」

　2017年5月から施行された「改正個人情報保護法」と2017年4月成立、2018年施行の「次世代医療基盤法（医療分野の研究開発に資するための匿名加工医療情報に関する法律）」この二つの法を見てみましょう。

I　改正個人情報保護法（2017年5月施行）

　これまでの「個人情報保護法」には、情報化通信技術の進展により、個人情報として扱う範囲の曖昧さ（グレーゾーン）が出てきたこと、大量のパーソナルデータが収集・分析されるビッグデータ利活用の時代がきたこと、また、大手企業の個人情報大量流出により個人情報の取り扱いについて国民の不安が高まってきたことから、法が「改正」されました。

1. 「個人情報」の定義が明確になりました。

> 【特定の個人を認識することができるもの】
> 　文書、図画もしくは電磁的記録に記載、記録され、または音声、動作その他の方法であらわされた一切の事項
> 【個人識別符号を含むもの】
> 　DNA　顔認証データ　声紋　指紋データ　歩行の態様　パスポート番号　基礎年金番号　住民票コード　マイナンバー　メールアドレス　サービスアカウントID　クレジットカード番号　等

【要配慮個人情報】
　人種　病歴　信条（宗教等）　社会的身分　犯罪歴など本人に対する不当な差別または偏見が生じる可能性のある個人情報

※この法律による「**個人情報取扱事業者**」は、個人情報をもっている全事業者が対象。

> 学校や行政、病院も事業者です。

2. 「匿名加工情報」が定義されました。

「匿名加工情報」とは、特定の個人を識別することができないように個人情報を加工した情報で、復元することができないようにしたものをいう。

※この「匿名加工情報」をデータベース化し、検索したり体系的に構成したりする事業者のことを「**匿名加工情報取扱事業者**」という。

> 匿名加工された個人情報（匿名加工情報）は、第三者への提供が容易になります。
> ビッグデータ利活用が促進される可能性が大きくなりました。

3. **要配慮個人情報の取得、提供は、特に厳しく定められています。**

> 個人情報取扱事業者は、法令に基づく場合などを除き、あらかじめ本人の同意を得ないで、要配慮個人情報を取得してはいけません（第17条第2項）。

◆**個人情報取扱事業者が、個人から要配慮個人情報を取得する場合**◆

要配慮個人情報**の取得**には、事前に本人の同意を得ることが必要であると定められていますが、除かれる場合があります。

たとえば、・警察や検察等から、刑事訴訟法に基づいて紹介があった場合
・急病やそのほかの事態のときに、血液型や家族の連絡先を医師や看護婦に提供する場合など

◆**個人情報取扱事業者が、個人情報を第三者へ提供する場合**◆

個人情報は、法令に基づく場合などを除き、あらかじめ本人の同意を得ないで、第三者に提供してはならないと定められています。しかし、事前に本人に通知または本人が容易に知り得る状態に置くとともに、個人情報保護委員会に届け出たときには、本人が拒否しない限り第三者へ提供ができるとしています（**オプトアウト方式**）。

> 「情報提供しない！」と意思表示しなければ、情報が提供されます。

ただし、**要配慮個人情報**は、第三者提供は認められていません（第23条第2項）。

Ⅱ 次世代医療基盤法 （医療分野の研究開発に資するための匿名加工医療情報に関する法律）

この法は、健康・医療に関する研究開発、新産業創出など研究に生

かすことを目的に国民の「医療情報」等を匿名加工し、ビッグデータ化して分析を促進するために整備されたものです。

> 内閣官房健康・医療戦略室は「**個人情報保護法改正によって、同意取得や匿名化を含むデータ処理、システム構築・運用のコスト負担が大きくなった**」と医療等情報の利活用について課題をあげ、この特別法の制度整備の必要性を説明しています。

「改正個人情報保護法」では、要配慮個人情報の「病歴」等については、第三者提供ができなくなりました。しかし、次世代医療基盤法では、認定匿名加工医療情報作成事業者（以下、匿名加工作成事業者という。）に対して提供する場合に限り、オプトアウト方式による第三者提供ができるようになりました。

1. 医療情報等は、本人が拒否しない限り、匿名加工作成事業者（第三者）への提供が可能になりました。

   > **第30条** 医療情報取扱事業者は、認定匿名加工医療情報作成事業者に提供される医療情報について、本人または遺族の**求めがあるとき**は、当該本人が識別される医療情報の認定匿名加工医療情報作成事業者への提供を**停止する**こととしている場合であって、（中略）、本人に通知するとともに、主務大臣に届け出たときは、当該医療情報を認定匿名加工医療情報作成事業者に提供することができる。

> 本人が「情報提供しない！」と意思表示しなければ、病歴などの要配慮個人情報が提供されます！

　医療機関（医療情報取扱事業者）は、事前に定められた内容を通知し、主務大臣に届け出ることで匿名加工作成事業者に**医療情報を提供できる**となっています。

◆**医療情報を匿名加工作成事業者に提供する場合**◆
次に掲げる事項を事前に本人に通知し、主務大臣へ届け出ることが条件になっています。
- 匿名加工作成事業者に提供すること・項目・方法
- 本人の求めに応じて提供を停止すること・求めを受け付ける方法

　このように個人の医療情報は本人が情報提供を拒否しない限り、匿名加工事業者に渡り、匿名加工されて、研究者の手へ渡っていくという流れがこの法によって、実現されます。

> 病院を受診しているときは、心身ともに疲れた状況の時です。その時渡された文書の中に、個人情報提供に関わる説明文書や同意の有無をチェックする文書があるかもしれません。それに気がつかないまま、また、何気なくチェックしてしまうと、自分の情報が提供されてしまう恐れがあります。

守ろう！子どもの個人情報

　わたしたちは何のために、子どもの多くの健康情報を収集・利用・管理しているのでしょうか？改めて考えてみましょう。

児童生徒等の健康診断マニュアル（2015年度改訂）より抜粋

学校における健康診断の目的と役割

　学校における健康診断は、家庭における健康観察を踏まえて、学校生活を送るに当たり支障があるかどうかについて疾病をスクリーニングし、健康状態を把握するという役割と、学校における健康課題を明らかにして健康教育に役立てるという、大きく二つの役割がある。

プライバシーの保護及び個人情報の管理

　健康診断は、児童生徒等が自分の健康状態を理解するとともに、保護者や教職員がこれを把握して適切な指導や事後処置を行うことにより、児童生徒等の健康の保持増進を図るものである。その際、検査等を実施する方法や役割分担、ついたてなどの物や人の配置などを工夫したり、補助や記録を児童生徒等にさせてほかの児童生徒等に結果が知られたりすることなどのないよう、児童生徒等のプライバシーの保護に十分な配慮を行わなければならない。また、結果の処理や活用の際に、個人が特定される情報が外部に漏れたりすることのないよう、健康診断票等の個人情報の管理に十分配慮しなければならない。

　つまり学校は、子どもたちが支障なく学校生活を送るために必要な

個人情報を本人・保護者の同意を得ながら収集・利用・管理し、子どもが在籍しなくなったら本人や保護者に返却したり、データ処分したり、公簿等は適切に管理あるいは次に在籍する学校などに送付しています。

では学校が、個人情報を第三者に提供する場合についてどのように規定されているのでしょうか？

文部科学省所管事業分野における個人情報保護に関するガイドライン（2015年8月31日文部科学省告示）より抜粋

個人データの第三者提供に関する義務
(1) 第三者提供の制限に関する原則（個人情報保護法第23条第1項関係）
　①関係事業者は、あらかじめ本人の同意を得ずに、個人データを第三者に提供してはならない。本人の同意を得るに当たっては、当該本人に当該個人情報の利用目的を通知し、又は公表した上で、<u>当該本人から口頭、書面等により当該個人情報の取り扱いについて承諾する旨の意思表示を受けることが望ましい。</u>

　　なお、個人情報を集めて編纂した資料を第三者に配布するときにおける安全管理への配慮としては、印刷部数に限り利用目的又は保有期間の終了とともに返却、あるいは各自で確実に破棄するなどの対応が考えられる。

（第三者への個人データの提供に当たる例）
・保護者等に緊急連絡網等の連絡名簿を配付する。
・卒業生に卒業生名簿や卒業アルバム等を配付する。
・同窓会に生徒等の進学先や就職先の情報を提供する。
・奨学団体に当該団体が支援する奨学生の成績を提供する。
・団体の会員等の名簿、住所録等を会員に配付する。
・学術研究に協力するために、個人情報が含まれる資料を研究者に提供する。

② 関係事業者は、個人データを第三者に提供する場合は、提供先に対し、次に掲げる事項に留意した措置をとらせることが望ましい。
（ア）提供先において、当該個人データの取扱いを通じて知り得た個人情報をその従業者に漏らし、又は盗用してはならないこと。
（イ）当該個人データの再提供を行うに当たっては、あらかじめ文書をもって関係事業者の了承を得ること。
（ウ）提供先における保管期間等を明確化すること。
（エ）利用目的達成後の個人データの返却又は提供先での破棄・削除が適切になされること。
（オ）提供先において、当該個人データの複写及び複製をしてはならないこと（安全管理上必要なバックアップを目的とするものを除く）。

　わたしたちが物を購入したり、病院を受診したりするときに個人情報を提供するのは、提供に値するだけの利益を得ることができるからです。学術研究に役立つという目的のために、個人情報を安易に提供していいのでしょうか？
　保健室で管理している子どもの健康情報は、改正個人情報保護法がいうところの「要配慮個人情報」です。第三者に提供せざるを得ない場合は、学校としてガイドラインに沿って慎重に取り扱う必要があります。あくまで、健康診断票は公簿であり、そこに書かれている情報は子ども個人のものなのですから。

おわりに

　安倍政権は経済成長戦略（アベノミクス）の一つとして、「健康医療」を掲げています。最近「100年時代をどう生きるか」（100歳まで寿命がのびる）ということばを聞くことがあります。できれば「健康」でありたいというのは誰もが思うことですが、経済成長として医療を掲げるということは、産業界（企業）がいかに利益を追求しやすくするかということに他なりません。

　また、ICTの発展により大量のデータ（情報）を集積することが可能となりました。そして、収集したデータをAI（人工知能）を用いて解析し、特定の目的のために利用するビッグデータの利活用がすすめられています。

　現在、文科省の補助金事業として行われている「中学3年生の健康診断票ビッグデータ利活用」も、このような流れの一環と言えます。

　学校が配布する、行うことには同調圧力が働きます。また、保護者は「学校がしていることは、いいこと、正しいこと」と思い、説明書等を十分に読まずに判断することも多くあります。「同意はとっている」とはいえ、「同意しない保護者」が民間研究機関に電話をかけ、拒否することを伝えなくてはいけません。「要配慮事項」である健康診断票を、第三者に提供するのですから、学校としての「同意書」をとる必要はないのでしょうか。

　また、公文書である健康診断票をそのままスキャンするということは、問題ではないでしょうか。

　健康診断票のビッグデータ利活用だけでなく、「健康増進法」以降、さまざまな形で学校に「医療」が入ってきています。「学校は教育の場である」ことを改めて確認しましょう。

　今後、ますます個人情報の利活用がすすめられると考えられます。個人情報の保護と利活用の問題について学習し議論を深め、子どもたちの個人情報を守る、自分自身の個人情報を守るためにどうすればいいのか、各単組・支部での学習を深めましょう。

養護教員部　学習シリーズの発行

① 学校保健の視点
② 保健主事の撤廃に向けて
③ インフルエンザ予防接種反対運動にとりくむために
④ 学校における採血の問題
⑤ 衛生管理者と養護教諭Ｑ＆Ａ
⑥ 保健主事もんだいにとりくむために
⑦ 学校における健康診断・予防接種
⑧ 教育職員免許法一部「改正」と養護教員
⑨ いま、なぜフッ素なのか
⑩ 「健康日本21」を問う
⑪ 色覚検査廃止から何を学ぶのか
⑫ 「健康増進法」のねらいを考える
⑬ いま　なぜフッ素なのか　パート２
⑭ 健康診断を見つめなおす
⑮ 「うつる」病気をどう考えるのか　―結核健康診断をとおして―
⑯ 学校での採血はいらない
⑰ むし歯を学ぶ・むし歯で学ぶ
　　―「今、なぜフッ素なの？」パート３―
⑱ 学校保健法の一部を改正する法律
⑲ 「うつる」病気をどう考えるのか
　　―新型インフルエンザをとおして―
⑳ わたしたちがめざす歯科口腔保健
　　―「今、なぜフッ素なの？」パート４―
㉑ 健康診断を見つめなおす!!　―パート２―
㉒ 健康施策と養護教員　～今こそ「養護」を考える～

学習シリーズ㉓

守ろう！ 子どもの個人情報
〜健康診断結果のビッグデータ化って!?〜

発行日　2018年3月15日　2018　Printed in Japan
編　者　日本教職員組合養護教員部
発行者　岡島真砂樹
発行所　㈱アドバンテージサーバー
　　　　〒101-0003　東京都千代田区一ツ橋2-6-2　日本教育会館
　　　　TEL 03-5210-9171　fax 03-5210-9173
　　　　郵便振替　00170-0-604387
印刷製本　株式会社 平河工業社
ISBN 978-4-86446-049-1